NOTES

SUR UN

REGISTRE DES APOTHICAIRES

ET ÉPICIERS PARISIENS

CONSERVÉ A LA BIBLIOTHÈQUE DE BRUXELLES

1311-1534

PAR

GEORGES HUISMAN

PARIS

1912

NOTES

SUR UN

REGISTRE DES APOTHICAIRES

ET ÉPICIERS PARISIENS

CONSERVÉ A LA BIBLIOTHÈQUE DE BRUXELLES

(1311-1534)

PAR

GEORGES HUISMAN

PARIS

1912

NOTES

SUR UN

REGISTRE DES APOTHICAIRES ET ÉPICIERS PARISIENS

CONSERVÉ A LA BIBLIOTHÈQUE DE BRUXELLES

(1311-1534).

Le précieux rapport de Boutaric sur les documents relatifs à l'histoire de Paris conservés dans les bibliothèques et archives de Belgique[1] signale à la Bibliothèque royale de Bruxelles l'existence d'un « registre de la corporation des épiciers de Paris », conservé sous la cote 17939. En quelques lignes rapides, Boutaric a analysé ce manuscrit, mais, en dépit de ces indications, personne, parmi ceux qui s'intéressent à l'histoire économique de Paris, n'a cherché à utiliser ce document. La publication récente, par le Dr Dorveaux, d'une très intéressante notice sur les *Droits de courtage établis à Paris au XVe siècle sur quelques marchandises d'épicerie*[2], attira notre attention sur le document signalé à Bruxelles. Le Dr Dorveaux avait découvert, en effet, dans les belles archives des apothicaires parisiens, conservées à la bibliothèque de l'École supérieure de pharmacie[3], quelques pages inédites sur les droits de courtage. Ces pages n'étaient que la copie de quelques feuillets du manuscrit de Bruxelles[4], et, sans avoir eu connaissance directement de l'original bruxellois, le Dr Dorveaux avait publié un document d'un intérêt incontestable pour l'histoire économique de Paris. Ce fut dans l'espoir de trouver dans le registre de la corporation des épiciers d'autres indications également précieuses sur le commerce

---

1. *Bulletin de la Société de l'histoire de Paris*, 1878, 5e année, 4e livr., p. 115-116.
2. *Bulletin de l'Association des docteurs en pharmacie*, Poitiers, avril 1910, tir. à part, 15 p.
3. Registre 31, fol. 294-297.
4. Ms. 17939, fol. 74 v°-77 v°.

parisien que nous avons entrepris, récemment, d'étudier avec soin le manuscrit 17939 de la bibliothèque de Bruxelles.

Ce manuscrit de 116 feuillets porte au folio 1 un titre général : « Institution, reglemens des rois de France, arret de la cour du Chatelet, sentenses, service divin concernant le metier des epiciers et apoticaires de Paris sous l'invocation de saint Nicolas, depuis l'an 1311 jusqu'a 1534. » Sur le même folio, Ch. Van Hulthem nous apprend par une note autographe qu'il acheta ce manuscrit « à la vente des livres de M. Barthelemi Mercier, abbé de Saint-Léger, à Paris, en 1799 ». On s'explique ainsi que ce document soit conservé aujourd'hui si loin des dépôts d'archives parisiennes, auxquelles il devrait légitimement appartenir.

Le titre général de ce manuscrit nous donne une idée exacte de l'intérêt qu'il présente et des divers documents qu'il renferme. Des pièces les plus variées, concernant les épiciers et les apothicaires parisiens, y ont été transcrites depuis le XIVe jusqu'au XVIe siècle, et une analyse rapide révèle nettement la diversité de ces textes. Aux folios 2-5 figure tout d'abord une liste des apothicaires et épiciers en l'année 1498; aux folios 6-8, on lit : « C'est l'ordonnance du faict de la marchandise et estat de l'espicerie de la ville de Paris que sont tenus observer et garder les maistres dudit estat et dont ils font le serment devant le procureur du roi ou Chastellet de Paris, en les rapportant par les jurés maistres dudit estat. » Après des feuillets blancs (9-14 v°), le folio 15 est rempli par un document du XVIe siècle sur la vie religieuse de la confrérie. Les folios 16-20 renferment des extraits des Évangiles et trois miniatures, dont deux en pleine page[1]. Du folio 20 au folio 33 se succèdent une série d'or-

---

1. Ces trois miniatures figurent respectivement aux fol. 16, 19 et 20. Au fol. 16, on lit : *Initium sancti evangelii secundum Johannem. Gloria tibi, Domine. In initio erat verbum*, etc., et *in* est enluminé. L'artiste s'est servi de l'*i* majuscule pour représenter un grand pilon que deux épiciers, à chausses rouges et à vestes bleues, coiffés d'un chaperon rouge, manient avec ensemble pour piler des épices dans un mortier. Cette petite scène d'une exécution insignifiante est probablement du XIVe siècle. Le texte qui l'entoure n'est pas daté et l'on ne peut s'appuyer avec certitude sur l'écriture de ces pages pour en établir la chronologie, car, dans ce manuscrit rédigé à des époques variées, les scribes se sont efforcés d'écrire au XVe siècle comme au XIVe et au XVIe siècle comme au XVe, pour donner au registre une certaine unité d'aspect. C'est le souci d'archaïsme des rédacteurs du manuscrit qui a conduit Boutaric à attribuer au début du XIVe siècle une page qui renferme la date de 1502. — Aux fol. 19 et 20, deux représentations du Christ ont été peintes en pleine page : ce sont, d'un côté, un Christ en croix, et, de l'autre, un Christ dans un médaillon polylobé, entouré des quatre animaux symboliques. Ces miniatures sont tout à fait médiocres et d'un faire extrêmement négligé. La scène du

donnances générales, du xivᵉ siècle, sur les usages des épiciers, des « saulciers et moustardiers », et des ordonnances du même genre, promulguées au xvᵉ siècle, se retrouvent aux folios 33-47 vᵒ. A l'exception d'une ordonnance de Charles VIII du mois d'août 1484, transcrite sur les feuillets 54-63, du folio 37 au folio 73, on ne relève plus que des actes du Parlement et du Châtelet, réglant l'organisation intérieure de la corporation : des épiciers, par exemple, sont punis de la confiscation de leurs marchandises pour infraction aux règles du métier (feuillets 53-54, 8 septembre 1453; fol. 69, 22 mars 1486; fol. 70 vᵒ, 31 janvier 1494, etc.), ou bien les gardes de la prévôté de Paris enregistrent l'élection d'un « lieve caillou et ayde du peseur juré du poix du Roy » (fol. 67, 27 octobre 1434), ainsi que d'un « peseur et garde du poix le Roy » (fol. 67 vᵒ, 20 octobre 1452). Après le texte que le Dʳ Dorveaux publia, suivant une copie, (fol. 77 vᵒ-79) et pendant près de quarante pages (feuillets 79-97), le registre ne renferme plus que des sentences ou des arrêts de Parlement, de la fin du xvᵉ et des premières années du xviᵉ siècle. Un acte de la municipalité parisienne du 19 novembre 1504 établit avec précision les droits des épiciers lors des joyeuses entrées dans Paris des rois, reines et hauts personnages (fol. 97-98), et, en dernier lieu, jusqu'à la fin du manuscrit, ce ne sont plus que des actes du Châtelet relatifs à la juridiction ou à l'organisation du métier (sentences contre des épiciers coupables d'avoir violé les ordonnances ou institutions de courtier, de peseur, etc.) et rédigés au xviᵉ siècle.

Ce manuscrit renferme donc une série de documents dont la date et l'importance sont singulièrement différentes. Sans doute, il convient de noter que les documents du xvᵉ et du xviᵉ siècle y forment la majorité, car les pièces du xivᵉ siècle se réduisent à quelques ordonnances générales, déjà publiées, sur le commerce de l'épicerie. Il est plus important d'établir que ce manuscrit est un registre tout

---

Christ en croix a été peinte sur un fond mi-bleu, mi-rose, sauf le haut de la miniature que l'artiste a traité sur fond or. Ces fonds bleus et roses, qui se retrouvent dans la représentation du Christ et des animaux symboliques, ont été appliqués avec une maladresse insigne; les couleurs, mal préparées, n'ont pas tenu et le dessin des personnages accuse un artiste inexpérimenté. On conçoit qu'il soit assez malaisé de dater avec certitude des miniatures, d'un art si faible, et de les attribuer, approximativement, au xivᵉ siècle, ainsi que la lettrine enluminée précédemment décrite. Nous ne pourrions même pas affirmer que ces miniatures aient été directement composées pour le manuscrit dans lequel elles figurent aujourd'hui, car elles ont été peintes sur des feuillets de parchemin, dont la couleur et la qualité diffèrent de ceux qui sont employés dans le reste du manuscrit. Ces feuillets peints ont été collés dans notre manuscrit à une date qu'il est impossible de fixer.

à fait factice où diverses pièces ont été artificiellement recueillies, dont un très grand nombre ne présentent qu'un faible intérêt.

A part quelques documents d'un caractère particulier, — et que nous nous attacherons à étudier, — les actes recueillis dans le manuscrit 17939 se divisent en trois catégories : ce sont des actes de l'autorité royale, du Parlement et du Châtelet. Les ordonnances royales que nous avons relevées dans ce manuscrit sont particulièrement intéressantes, puisqu'elles fixent les règles générales du commerce de l'épicerie, mais elles ont déjà été publiées, d'après les originaux, dans les volumes de M. de Lespinasse ou dans le Recueil des Ordonnances. Les arrêts du Parlement transcrits dans le manuscrit 17939 n'ont qu'un intérêt médiocre, car ils se rapportent à des affaires qu'il faudrait reconstituer entièrement, à la suite de recherches approfondies et souvent stériles dans les archives du Parlement, pour en dégager l'importance. Ces arrêts mériteraient, cependant, d'être utilisés par celui qui entreprendrait une étude générale sur le commerce de l'épicerie à Paris au moyen âge; ils ne sont point dignes d'une publication intégrale. La même remarque s'applique, enfin, aux actes du Châtelet qui remplissent la majeure partie de ce manuscrit. Des ordonnances du prévôt de Paris relatives au commerce des épices ont déjà été publiées par M. de Lespinasse[1]; d'autres, égales en intérêt à celles du manuscrit 17939, se trouvent dans les livres du Châtelet et y sont demeurées inédites. On ne saurait aussi établir pour quelles raisons les rédacteurs du manuscrit 17939 ont choisi certaines sentences du Châtelet parmi celles qui abondent dans la série Y des Archives nationales. Parmi les actes intercalés dans notre manuscrit, ceux qui enregistrent l'élection d'un courtier ou d'un peseur ne méritent point de retenir longuement notre attention, car des documents de ce genre se rencontrent fréquemment dans les archives des corporations. En recherchant dans les fonds d'archives du Parlement et du Châtelet des pièces relatives à la corporation des épiciers et apothicaires jusqu'en 1534, un érudit rassemblerait aisément une série d'actes qui surpasseraient en intérêt les documents recueillis par les rédacteurs du manuscrit 17939.

Le caractère factice de ce registre, où certains documents ont été intercalés sans que nous en comprenions la raison, lui enlève une grande partie de sa valeur. Trop d'actes s'y rencontrent qui n'attirent même pas l'attention par l'ancienneté de leur date et qui ressemblent à d'innombrables autres actes conservés dans les cartons des Archives nationales. En étudiant ces divers documents, si souvent insignifiants ou uniformément gris, on aurait peine à s'imagi-

---

1. *Les métiers et les corporations de Paris*, t. I, p. 506 et suiv.

ner l'importance de la corporation des épiciers et apothicaires parisiens au xve et au xvie siècle. Quelques pièces, cependant, figurent dans ce registre, qui font contraste avec les documents qui les entourent et qui fournissent des renseignements précieux sur l'histoire de la corporation et sur la vie intérieure de la confrérie; ce sont, exception faite des *Droits de courtage*, édités déjà par les soins du Dr Dorveaux, les quatre documents que nous publions à la fin de cette note et que nous voudrions commenter maintenant, afin d'en souligner l'importance et l'intérêt.

Le premier document que nous avons recueilli est une liste des épiciers et apothicaires parisiens, dressée en 1498, à l'occasion d'un « pouelle ». Le scribe a consigné sur notre registre 145 noms, parmi lesquels ceux de 107 marchands et marchandes, qui ont contribué au « pouelle » et de 38 qui n'ont versé aucune cotisation. Si l'on excepte trois individus, dont les noms sont suivis sur cette liste du titre de *courtiers*, nous avons donc, dans cette pièce, les noms de 142 épiciers et apothicaires qui vendaient leurs denrées à Paris, à la fin du xve siècle[1]. Ce document nous permet de saisir, avec exactitude, l'importance numérique de la corporation des épiciers et apothicaires parisiens, à une date précise, et la longue liste de noms qu'il renferme est infiniment précieuse, à bien des égards. Indépendamment de l'intérêt incontestable que présente toute liste sûre de noms parisiens pour l'histoire générale de la ville, le document que nous publions fournit aux historiens de Paris quelques noms qui leur sont déjà familiers. En effet, certains de ces épiciers apothicaires avaient exercé les fonctions municipales ou appartenaient à des familles qui s'étaient consacrées, à maintes reprises, à la protection des intérêts de la population parisienne, telles que les Bartillon, les Malingre, les Potier. Il est intéressant aussi de noter, en lisant cette liste, que les mêmes noms reviennent fréquemment dans les colonnes du manuscrit : nous signalerons notamment un Andry Yon, un Durant Yon et un Robin Yon; un Michel Boursecte et un Guillaume Boursecte; un Nicolas le Bègue et un Henry le Bègue, une « vefve Regnauldin Moreau » et un Regnault Moreau, son fils; un Guillaume le Coq et un Pierre le Coq, Jehan le Saige et Guillaume le Saige, etc. Ainsi, des familles étendues trouvaient profit à se consacrer, au xve siècle, à la vente des épices, car il semble qu'à cette date les affaires des épiciers et apothicaires parisiens aient

---

1. Suivant les calculs de M. Fagniez, *Études sur l'industrie et la classe industrielle à Paris*, p. 13, il y avait à Paris vingt-huit épiciers en 1292 et soixante en 1300; cette augmentation du nombre des épiciers en deux siècles est fort logique, car elle est en rapport étroit avec le développement territorial et économique de Paris, depuis le début du xive siècle.

été généralement prospères. Quand on lit notre document et les chiffres des contributions qui y sont inscrites, en regard de chaque nom, on constate que les sommes marquées atteignent, pour la plupart, une honnête moyenne. Sur les 107 membres de la corporation ayant donné pour « faire le pouelle », 13 n'ont donné chacun que 2 sous tournois et 4 seulement ont versé des cotisations supérieures à 20 sous. Les sommes souscrites par les membres de la corporation varient entre 5 sous et 20 sous tournois : elles témoignent d'une aisance suffisante et généralement répandue parmi les épiciers et apothicaires parisiens.

Une corporation prospère pouvait célébrer dignement les cérémonies et les fêtes de sa confrérie. L'intérêt du document que nous publions en second lieu consiste à nous renseigner, avec précision, sur le zèle pieux des membres de la confrérie placée sous l'invocation de saint Nicolas. Dans l'église de l'hôpital Sainte-Catherine, qui se trouvait dans la rue Saint-Denis, « ou demeurent espiciers, apoticaires et selliers »[1], les épiciers et les apothicaires se réunissaient les dimanches et jours de fêtes pour y entendre la messe. Nous savons de quelle façon le service divin y était réglé dans les premières années du XVIe siècle, car notre document est postérieur à l'an « mil cinq cens et deux »[2] et il renferme diverses indications de détail qui attestent l'importance de la vie religieuse au sein de la confrérie de saint Nicolas.

La piété bien entendue des confrères devait naturellement les amener à prodiguer les aumônes. Grâce au troisième document que nous avons recueilli, nous sommes en mesure d'apprécier la bonté et l'esprit de charité qui inspiraient les épiciers et les apothicaires. Tous les ans, en effet, à la fin du XVe siècle, les vendeurs d'épices offraient généreusement à quelques privilégiés certaines de leurs précieuses denrées et en particulier de la poudre de sucre, du safran et du poivre. Ces cadeaux, soigneusement mesurés, étaient destinés surtout à des communautés religieuses et à des fondations charitables. Les Carmes, les Augustins, les Cordeliers, les Jacobins en étaient gratifiés, et, en même temps qu'eux, l'Hôtel-Dieu, l'infirmerie des Quinze-Vingts, l'hôpital du Saint-Esprit, les vieilles Femmes de la chapelle d'Étienne Haudri et bien d'autres œuvres d'assistance, dignes de l'intérêt des Parisiens du XVe siècle, recevaient aussi les présents des épiciers-apothicaires. Les membres de la corporation s'efforçaient de n'oublier personne dans leurs libé-

---

[1]. *Description de Paris sous Charles VI*, publiée par Le Roux de Lincy et Tisserand, dans *Paris et ses historiens*, p. 208.

[2]. C'est cette pièce que Boutaric avait attribuée au début du XIVe siècle dans son rapport, *loc. cit.*, p. 116.

ralités : ils gratifiaient de leurs offrandes les Filles repenties, et, pour améliorer la nourriture des prisonniers détenus dans la geôle du Châtelet, ils remettaient de la « poudre » à « celle qui fait leurs potages ». Ainsi, ce document est un témoignage fort net de l'activité charitable de la corporation des épiciers et apothicaires dans les dernières années du xve siècle : il présente encore l'intérêt de fournir l'indication de multiples marchandises d'épicerie et de nous renseigner sur leur valeur. De ce dernier point de vue, ce texte méritera d'être rapproché des *Droits de courtage* publiés par le Dr Dorveaux.

A l'aide des trois documents que nous venons d'analyser, il est aisé de concevoir que la corporation des épiciers-apothicaires, grâce au nombre de ses adhérents et à l'activité intérieure de sa confrérie, était jalouse de tenir un noble rang au milieu des autres corporations parisiennes. Lors des entrées solennelles dans Paris des rois, des reines et des hauts seigneurs, les épiciers tenaient à porter le dais sur la tête de ces illustres personnages pour bien marquer l'importance de leur corporation. Le document que nous publions en dernier lieu et qui est daté des premières années du xvie siècle consacre le privilège qu'ont les épiciers de porter le « ciel » depuis l'église Saint-Leu-Saint-Gilles jusqu'à la Fontaine-Saint-Innocent. Il nous montre aussi avec quel acharnement les corporations parisiennes se disputaient ce privilège honorifique et quel prix elles attachaient à sa possession.

En résumé, si le registre que nous avons étudié ne présente point d'un bout à l'autre un égal intérêt, il n'en contient pas moins quantité de renseignements utiles et importants sur l'histoire et l'évolution de la corporation des épiciers-apothicaires. Sans doute, ce document ne mérite point une édition intégrale et nous avons jugé suffisant d'en publier ici quelques extraits caractéristiques. Mais, en rédigeant ces notes et en publiant ces quelques pièces, nous avons voulu surtout montrer à tous ceux qui s'intéressent à l'histoire économique de Paris l'utilité de la belle monographie, qui reste toujours à écrire, sur le commerce des épices à Paris, au moyen âge et jusqu'à la fin de l'ancien régime.

I.

Liste des épiciers et apothicaires en 1498.

(*Fol. 2.*) Ce sont ceulx qui ont donné pour faire le pouellé l'an mil CCCC IIII^{xx}XVIII, primo :

Jacques le Bret, maitre juré, LXX sous tournois.

Jehan Forget, xxxv sous tournois.

Nicolas Lyon, x sous tournois.
Guillaume Cochereau, v sous tournois.
Huguet Villain, crieux, v sous tournois.
Jaques Jullien, x sous tournois.
La veufve Robert le Bret, vi sous iii deniers tournois.
Jehan du Souchet, vii sous vi deniers tournois.
Estienne Pivert, v sous tournois.
Sire Nicolas Bartillon[1], xvii sous vi deniers tournois.
Gilles Thibault, vii sous x deniers tournois.
Pierre Bourdin, x sous tournois.
Jehan Roussel, x sous tournois.
Jehan Alleaume, xvii sous vi deniers tournois.
Jehan Baudouyn, x sous tournois.
Jehan du Pré[2], xvii sous vi deniers tournois.
Jehan Gaillart, xxxvi sous iii deniers tournois.
Macé de Bresmes, vii sous vi deniers tournois.
Michel Hulault, v sous tournois.
Thomas Cadier, v sous tournois.
Loys Goupil, v sous tournois.
Guillaume Boursete, v sous tournois.
Robert Eschars, xii sous vi deniers tournois.
Jehan le Saige[3], viii sous tournois.
Pierre Morillon, x sous tournois.
Maistre Pierre de Longeroy, vi sous iii deniers tournois.
Andry Jouette, ii sous tournois.

  xvii livres vi sous vii deniers.

(*Fol. 2 v°.*) Guillaume Fleury, iii sous iii deniers tournois.
Gillet Grenet, xiii sous tournois.
Laurens Everard, vi sous iii deniers tournois.
Jehan Roger, v sous tournois.
Geoffroy Coqueu, ii sous vi deniers tournois.
Gilles le Bouvier, v sous tournois.
Henry l'Escallopier, x sous tournois.
Richart le Normant, xvii sous vi deniers tournois.
Guillaume le Caron, v sous tournois.
Denis Mesguissier, x sous tournois.
La vefve Jehan Lombart, xx sous tournois.
La vefve Pardriel, xx sous tournois.
Simon Belle, vii sous vi deniers tournois.
Pierre Macquin, ii sous vi deniers tournois.

---

1. Échevin en 1502-1503; cf. Le Roux de Lincy, *Histoire de l'Hôtel-de-Ville de Paris*, 2ᵉ partie, p. 207.

2. Mentionné comme maître de l'épicerie en 1504 dans le document de cette date publié plus loin.

3. Mentionné également dans le document de 1504 que nous publions plus loin.

Guillaume le Saige, ii sous tournois.
Guillaume le Coq, v sous tournois.
Pierre le Coq, x sous tournois.
Nicolas Apolo, xv sous tournois.
Michel Neuvyn, v sous tournois.
Pierre Chedeville, xvii sous vi deniers tournois.
Jehan Drouet, x sous tournois.
Jehan Godin, ii sous vi deniers tournois.
Germain Robours, x sous tournois.
Estienne de la Mare[1], xvii sous vi deniers tournois.
Jehan Noel, v sous tournois.
Jehan Daussi, xvii sous vi deniers tournois.
Jehan Gouges, x sous tournois.
Jehan Marchant, x sous tournois.
Guillaume Guyart, v sous tournois.
Blenet Seguyer, xviii sous iii deniers tournois.

xiii livres xv sous x deniers.

(*Fol. 3.*) Denis Simon, viii sous ix deniers tournois.
Jehan de Servantis, xv deniers tournois.
Nicolas Malingre[2], x sous tournois.
Erart Morin, ii sous tournois.
Jehan Testart, vii sous vi deniers tournois.
Huguet Carre, xv deniers tournois.
Guillaume de Gaigny, x sous tournois.
La vefve Jehan Vernier, v sous tournois.
Nicolas le Camus, xvii sous vi deniers tournois.
Jehan de Squeville[3], x sous tournois.
Nicolas Carre, x sous tournois.
Arrenoul du Moulin, x sous tournois.
Pierre du Moulin, x sous tournois.
Tristan Branfon, x sous tournois.
Charles Hardel, xx deniers tournois.
Jehan Gontier, v sous tournois.
Guillaume Trouart, vii sous vi deniers tournois.
Jehan Bonin, ii sous vi deniers tournois.
Pierre Rousseau, ii sous vi deniers tournois.
Jehan Mondre, xx deniers tournois.
Pierre Saheu, x sous tournois.

---

1. Mentionné également dans le document de 1504.

2. La liste des prévôts des marchands et des échevins dressée par Le Roux de Lincy, *Histoire de l'Hôtel-de-Ville de Paris*, 2ᵉ partie, p. 207, signale un Simon Malingre et un Antoine Malingre, échevins en 1490-1491, 1498-1499, qui appartenaient sans doute à la famille du Nicolas Malingre cité ici.

3. Ce nom, qui devait s'orthographier Sesqueville ou Esqueville, se retrouve également dans le document de 1504, publié plus loin.

Yvon le Mercier, a deux foiz III frans VI sous tournois
La vefve Croix, V sous tournois.
Nicolas Loyseau, V sous tournois.
Loys du Rocher, V sous tournois.
Jehanne la Large, II sous VI deniers tournois.
Pierre Barbier, X sous tournois.
Toussaintz Maillart, XX sous tournois.
La vefve Jehan le Prestre, XX sous tournois.
Jehan le Blanc, V sous tournois.

 XIIII livres IX sous I denier.

(*Fol. 3 v°.*) Jaques Pellerin, X sous tournois.
Anthoine du Mas, XVII sous VI deniers tournois.
Guillaume Chaudiere, a deux fois XV sous tournois.
Guillaume Picquot, III sous tournois.
Durant Yon, a deux fois II sous VI deniers tournois.
Robin Yon, II sous VI deniers tournois.
Milet Lombart, XVII sous VI deniers tournois.
Robin Noel, II sous VI deniers tournois.
La vefve Nicolas le Prestre, V sous tournois.
Jehan Martin, X sous tournois.
Jehan Bougie, X sous tournois.
Regnault Chevaulx, II sous VI deniers tournois.
Augustin Bougnier, XVII sous VI deniers tournois.
Jehan Pulleu, V sous tournois.
Pierre Closier, X sous tournois.
Charlot de Neufville, X sous tournois.
Sire Nicolas Potier[1], XXXV sous tournois.
Rolequin le Feron, IX sous VI deniers tournois.
Jehan de Faire, XX sous tournois.
Paul Bastin, V sous tournois.

 X livres XV sous tournois.

(*Fol. 4.*) Ce sont ceulx qui n'ont point paié pour ledit pouelle, affin que les sommes desdits non paiez soient couchez sur ce present registre :

Premierement, Estienne Ballay.
La vefve Engarrant Hebert.
Guillaume Burault.
Guillaume de Coussy.
Michel Boursecte, juré.
Pierre de Bresmes.
Jehan Eschay.
La vefve Regnauldin Moreau.
Regnault Moreau, son filz.
Jehan Pontremont.

---

1. Ce personnage avait été échevin en 1466-1467 ; cf. Le Roux de Lincy, *Histoire de l'Hôtel-de-Ville de Paris*, 2° partie, p. 206.

Guillaume Marnois, jure.
David Utar.
Jehan Mazalon.
Pierre de Pierrecourt.
Jaques de Mauregart.
Jaques Pichon.
Jehan Charpentier.
Estienne Clerin.
Jehan de Borteauville.
Granier Lymesson.
Daniel Haubert.
La vefve Estienne Gauche.
Thomas de Cueully, maître juré.
La vefve Montflault.
(*Fol. 4 v°.*) Martin le Camus, une aulbe de lin.
Guillaume Audouart.
Simon Larget.
Pierre Galopin.
Henry Pellerin.
Andry Yon.
Nicolas le Begue.
Paul Chollet.
Philippe Foucault.
Philippe Navier.
Henry le Begue[1].
Guillaume de Bernay, courtier.
Macquin, courtier.
Climent Bernard, courtier.

II.

Organisation du service religieux de la confrérie (début du XVI° siècle).

(*Fol. 15.*) C'est le service qui se faict en l'an pour les freres et seurs de la confrairie monsieur Sainct Nycolas aux maistres espiciers et apothicaires de la ville de Paris, en l'esglise de l'ospital Sainte Katherine, en la grant rue Saint Denis, a Paris.

Et premierement tous les dimanches de l'an, eaue beniste, une haulte messe a diacre et soubz diacre, pain benist et apres un *de profundis* pour les trespassés en la maniere accoustumée.

Item, les deux jours de monsieur Saint Nicolas, pareil service et doubles vespres.

Item, trois aultres messes de la sepmaine : c'est assavoir le lundi, le mardi et le jeudi. Et de augmentacion faite l'an mil cinq cens et deux.

Item, les deux journées Sainct Nicolas, matines, a ix pseaulmes et ix leçons.

---

1. Échevin en 1499-1503; cf. Le Roux de Lincy, *loc. cit.*, p. 207.

Item, les deux journées de l'andemain Sainct Nicolas, vigille et recommandasses, a ix pseaulmes et ix leçons, avecques une haulte messe de *requiem* et *libera* pour les trespassés.

Item, le jour des trespassés, pareil service, et tout ce moyennant la somme de trente deux livres tournoys a paier pour chacun an.

III.

Libéralités annuelles des épiciers et apothicaires
(fin du XVe et début du XVIe siècle).

(*Fol. 77 v°.*) Ce sont les noms de ceulx a qui on donne tous les ans de la pouldre[1] et premyerement :

A l'Ostel Dieu de Paris, ii livres.

Aux Carmes, i livre.

Aux Augustins, i livre.

Aux Cordeliers, i livre et demie.

Aux Jaccopins, i livre et demie.

A l'enfermerie des XV Vingts, i livre.

Au Saint Esperit, demie livre.

A la chapelle Estienne Hauldry, demie livre.

A Saincte Katherine, demie livre.

Aux Filles Dieu, demie livre.

Aux seurs Collecte nommé l'Ave Maria, demie livre.

(En marge d'une écriture un peu postérieure :) Saint Maglore, demie livre.

Aux procureurs du Roy, pouldre fine, i quarteron.

Item, pouldre blanche, i quarteron.

Item, menues espices, i quarteron.

(*Fol. 78.*) Item, une once saffran battu.

Item, pouldre de poivre, i quarteron.

A ses deux clercs, a chascun demi quarteron.

A son sergent, demi quarteron.

A nostre advocat et procureur de Chastellet, a chascun demie livre.

A nostre procureur de Parlement, demie livre.

Au sergent du mestier et aux courretiers, a chascun i quarteron.

Au balancier, i quarteron.

Au peseur du poix du Roy, i quarteron.

Aux filles repantuez de l'an mil IIII^c IIII^{xx} et quinze, demie livre.

Aux freres de Nigeon, demie livre de pouldre convertie en trois livres d'huille d'olive pour ce que ilz ne usent point de pouldre.

(Écriture XVe siècle :) Aux prisonniers de Chastellet, i quarteron de pouldre a celle qui fait leurs potages.

---

1. Il s'agit de poudre de sucre, sorte de cassonade, très en usage au moyen âge. Sur les diverses variétés de poudre de sucre et sur leur consommation, cf. Dorveaux, *le Sucre au moyen âge*. Paris, 1911, in-8°, p. 19-23 (*Bibliothèque historique de la France médicale*). Tous les établissements religieux et hospitaliers, dont il est question ici, sont bien connus de tous ceux qui s'occupent de l'histoire de Paris.

(Écriture XVIe siècle :) Les frais fait pour la visitation des pouldres et poix :

Aux quatre courtiers, chascun vingt cinq solz tournois, cy   c s. t.
Au sergent pour sa vaquation dudit poix et pouldres, cy   iiii l.
Aux ballanciers cincquante solz, cy   l s. t.
Au crochetteur et a François nostre clerc, a chascun trente solz, cy   lx s. t.

(Fol. 78 v°.) Ensuyt ce que l'on donne tous les ans a monsieur le procureur du Roy :

Ung pain de sucre.
Huille d'olif, xx livres.
Ressins dennois[1], iiii livres.
Dactes, iiii livres.
Saffran battu, i once.
Muscades, iiii onces.
Clou trié, iii onces.
Figues marceilles, iii cabas.

A monsieur le lieutenant civil :

Ung pain de sucre madere[2].
Pouldre blanche, iiii onces.
Menue espice, iiii onces.
Saffran battu, i once.
Ressins donnais, i livre et demie.
Dactes, i livre et demie.
Giroffle, iii onces.
Muscades, iii onces.

Au procureur de Chastelet de nostre communaulté :

Ung pain de sucre fin.
Pouldre blanche, iiii onces.
Menue espice, iiii onces.
Saffran battu, demie once.
Ressins donnais, i livre et demie.
Dactes, i livre et demie.

IV.

1504, 19 novembre.

Droit des épiciers de porter le ciel sur les rois, reines et hauts personnages, lors de leurs joyeuses entrées à Paris, depuis l'église Saint-Leu-Saint-Gilles jusqu'à la fontaine Saint-Innocent.

(Fol. 97 r°.) A tous ceulx qui ces presentes lettres verront, Eustace Luillier, sire de Saint Mesmain, conseiller et maistre ordinaire des comptes du Roy nostre Sire, prevost des marchans et les eschevins de la ville de Paris, salut. Savoir faisons que sur le differant meu par devant

---

1. Lecture douteuse.
2. Il s'agit là de sucre de Madère. Cf., à ce sujet, les précieuses indications fournies par le Dr Dorveaux, *le Sucre au moyen âge*, p. 34.

nous en l'ostel de la dite ville entre Estienne de la Mare, Jehan le Saige, Jehan de Sesqueville et Jehan Dupré, espiciers et maistres de la marchandise de l'espicerie de Paris, Nicolas Watier, Nicolas Cornoille, Nicolas de Lassus et Mathieu du Saulsay, peletiers et maistres de la marchandise de la peleterie, Robert Loys, Jehan Janvier, Jehan Affortin et Charlot de Fresne, merciers et maistres de la marchandise de la mercerie de Paris, eulx faisant fort chascun en droit soy pour la communaulté de leurs dits estatz, pour raison des lieux, preheminance et priorités qu'ilz disoient avoir l'un devant l'autre pour porter le ciel sur les roys et roynes de France le jour de leurs entrées et joieulx advenemens et aussi des legats, prelats et des princes et autres seigneurs de par eulx en ceste dite ville de Paris. Pour eviter desordre et procès, lesdites parties se seroient condescendues (*fol. 97 v°*) et accordées entre elles que lesdits lieux, places, honneurs et preheminances estre mises par escript en ethicquettes pour estre par entre euls tirées et jectées en troys lots. Et ainsi que le sort desdites ethicquetes leur adviendroit, les dits lieux, places, honneurs et preheminances chacun en droit soy leur demourroient, ainsi que par nous leur seroient limittées, ce que les dessus dits maistres des dites marchandises auroient fait en nos presences. Et en ce faisant seroit escheu au premier lot ausdis quatre maistres pour lesdits espiciers a porter mercredi prochain apres les quatre gardes de la drapperie a Paris depuis le devant de l'esglise Saint Leu Saint Gilles jusques devant la fontaine Sainct Innocent le ciel sur la royne nostre souveraine dame a son entrée et reception en ceste dite ville. Au second des dits lots, lesdits peletiers, apres les dessusdits espiciers, dudit lieu devant ladite fontaine Saint Innocent, prendront ledit ciel et le porteront jusques devant l'esglise Saincte Katherine. Lesdits merciers prendront semblablement ledit ciel et le porteront jusques au tour et traverse devant Chastellet. Nous, par l'advis et deliberacion de plusieurs conseillers, quarteniers et bourgoys de ladite (*fol. 98*) ville, prinse en assemblée et du consentement des parties en leurs presences et sans aucun contredict, avons dit et ordonné, disons et ordonnons que l'ordre de priorité et posteriorité a porter par les dessusdits maistres ledit ciel es lieux et places cy dessus declairé, sur la royne nostre souveraine dame a son joyeux advenement et reception en ceste dite ville sera tenue, gardée et entretenue dès a present entre eulx, selon leurs dits lots a eulx escheuz. Et aussi a tousjours sur les roys et roynes de France, legats, princes et autres seigneurs qui d'oresenavant feront leurs entrées en ceste dite ville. Dont les dessus dits maistres de l'espicerie nous ont requis ces presentes pour leur servir, ce que nous leur avons octroyé; esquelles, en tesmoing de ce, nous avons mis le seel de ladite prevosté des marchans, le lundi dixneufviesme jour de novembre, l'an mil cinq cens et quatre. Ainsi signé : LARCHEZ.

Extrait du *Bulletin de la Société de l'Histoire de Paris et de l'Ile-de-France*, tome XXXIX (1912).

Nogent-le-Rotrou, imprimerie DAUPELEY-GOUVERNEUR.

Les tirages à part de la *Société de l'Histoire de Paris* et de *l'Ile-de-France* ne peuvent être mis en vente.

www.ingramcontent.com/pod-product-compliance
Lightning Source LLC
Chambersburg PA
CBHW061612040426
42450CB00010B/2451